ARMORIAL D'AVALLON

ET DE

L'AVALLONNAIS

OU

RECUEIL

des Armoiries des Villes, des Corporations
Civiles et Religieuses, et des Familles
appartenant à la Région qui forme aujour-
d'hui l'Arrondissement d'Avallon.

PAR M. X. BAUDENET

———

Extrait du Bulletin de la Société d'Etudes d'Avallon

(Année 1914)

AVALLON

IMPRIMERIE PAUL GRAND

21, RUE DE LYON, 21

———

1917

ARMORIAL D'AVALLON

ET DE

L'AVALLONNAIS

ou

RECUEIL

des Armoiries des Villes, des Corporations
Civiles et Religieuses, et des Familles
appartenant à la Région qui forme aujour-
d'hui l'Arrondissement d'Avallon.

PAR M. X. BAUDENET

Extrait du Bulletin de la Société d'Etudes d'Avallon

(Année 1914)

AVALLON

IMPRIMERIE PAUL GRAND

21, RUE DE LYON, 21

1917

VILLES

CORPORATIONS·CIVILES

CORPORATIONS-CIVILES

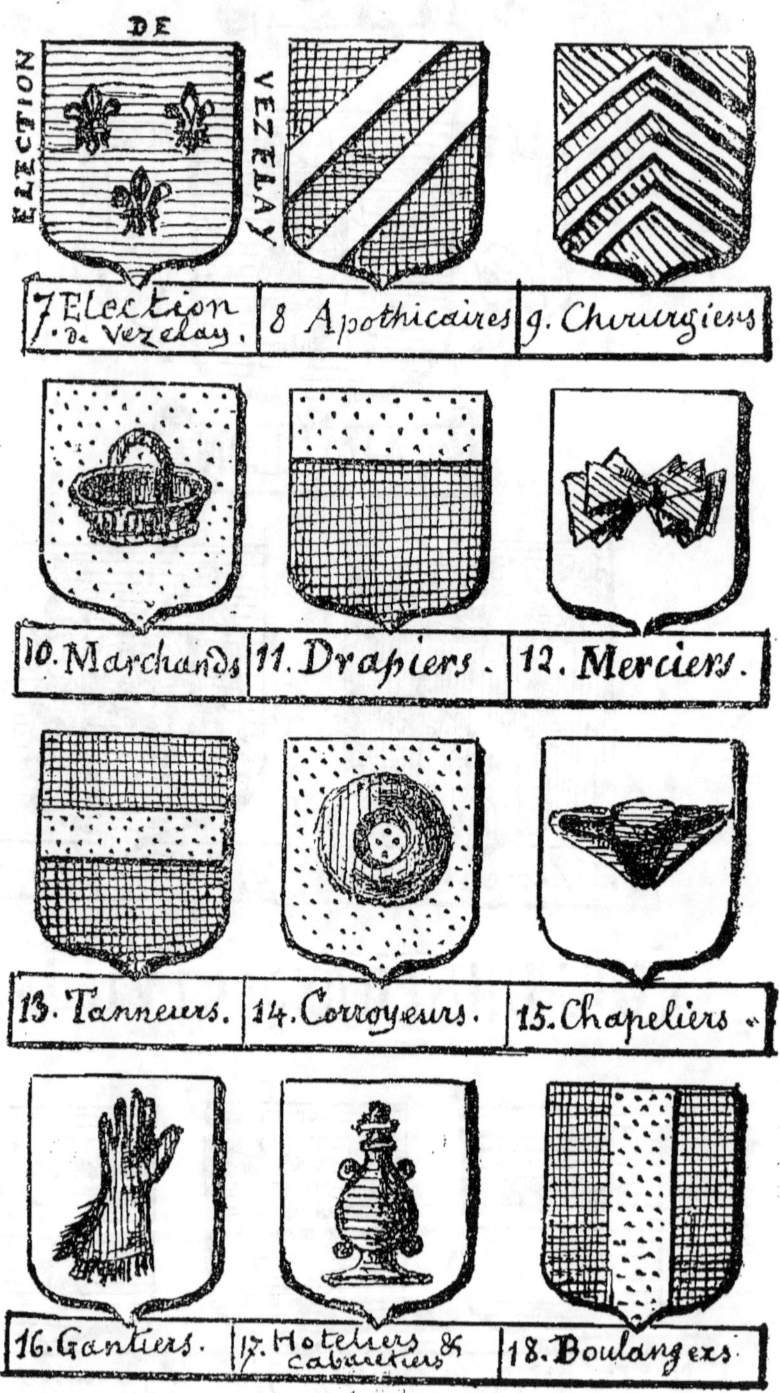

CORPORATIONS·CIVILES

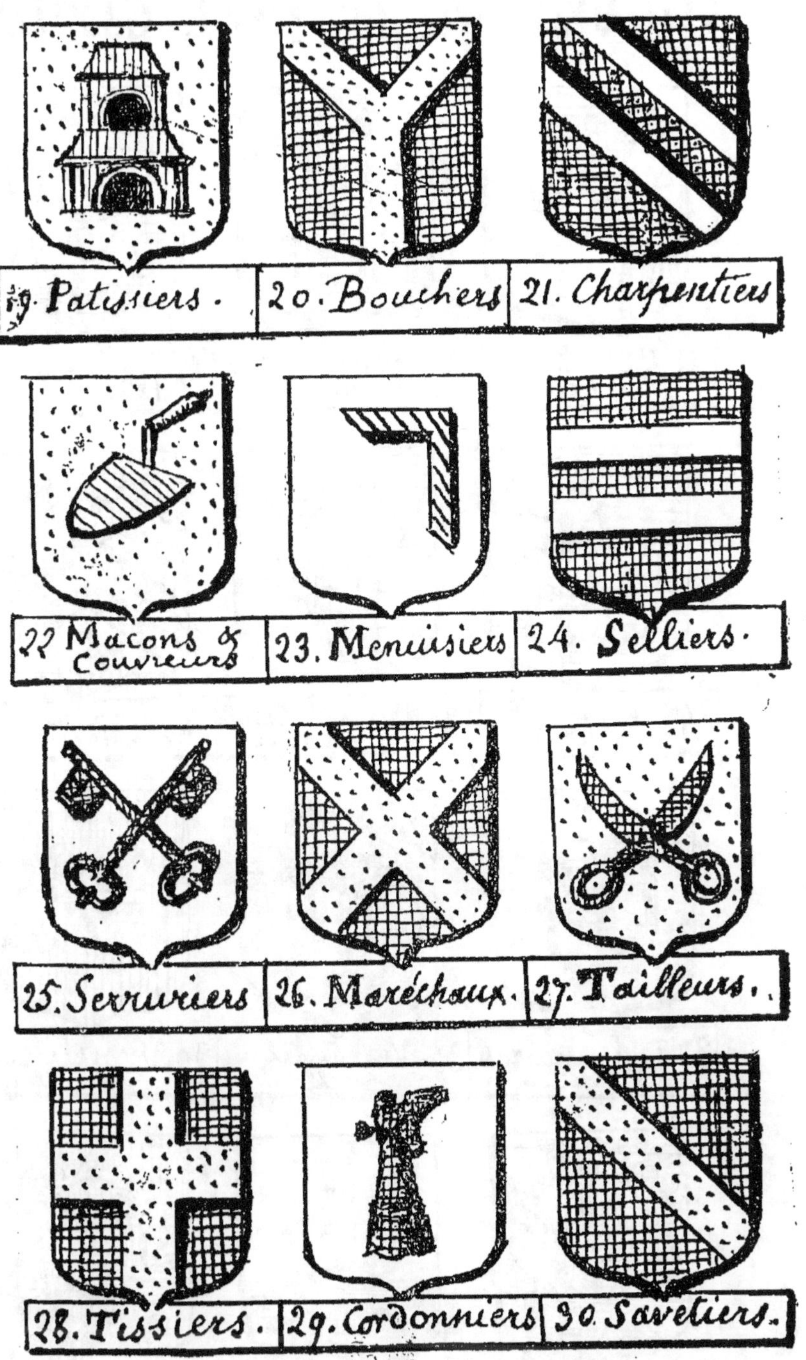

CORPORATIONS
&
COMMUNAUTÉS·RELIGIEUSES

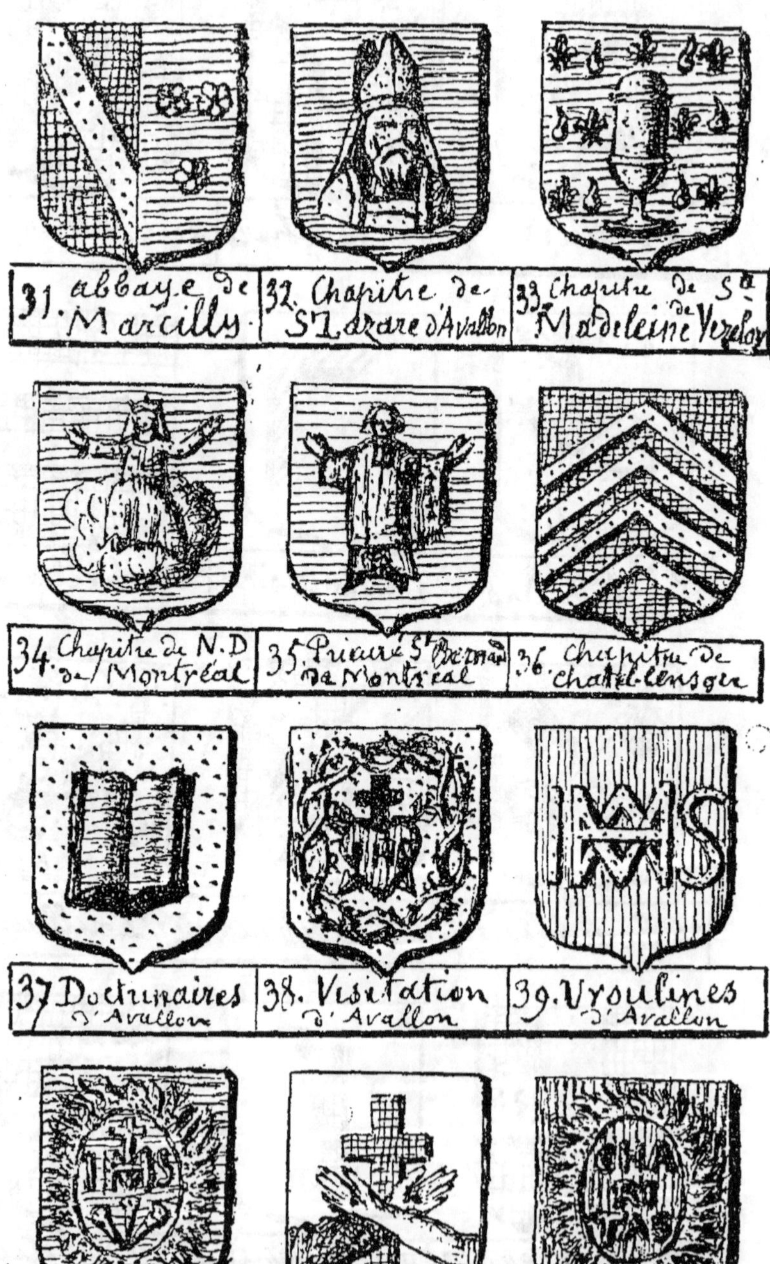

ARMORIAL D'AVALLON

ET DE

L'AVALLONNAIS

PRÉFACE

« Le blason », a dit un auteur (1), « est la langue
la plus étendue, la plus riche, la plus difficile, une
langue rigoureuse et magnifique, ayant sa syntaxe,
sa grammaire, son orthographe. »

La science du blason consiste à lire et à écrire
correctement cette belle langue.

Même dans notre siècle, elle ne doit pas être
dédaignée ; ce serait la méconnaître que de lui assigner
pour base la seule vanité ; elle est susceptible, au
contraire, encore à l'heure présente, d'utiles appli-
cations. Dans nombre de cas, la connaissance appro-

---

(1) Granier de Cassagnac, *Revue de Paris*, 1838.

fondie des armoiries et de leurs variations peut rendre des services signalés à l'archéologie et à l'histoire.

Pendant des siècles, les figures du blason incrites dans des écussons, ou semées librement, ont joué un rôle considérable dans les arts, auxquels elles ont fourni les motifs d'ornementation les plus élégants et les plus variés. Dans les demeures des particuliers, elles embellirent les façades, le pavé des salles, les solives des plafonds, les meubles et les tentures des appartements, les vaisselles des dressoirs. Elles enrichirent de leurs couleurs les marges des missels, leur empreinte marqua la reliure des livres, les sceaux suspendus aux parchemins et les cachets des lettres.

Dans les églises, on les sculpta sur la pierre des voûtes, sur le bois des stalles ; elles brillèrent aux vitraux et sur les retables, se gravèrent sur les dalles funéraires et dans l'or des calices, se tissèrent dans les tapis du sanctuaire et les ornements du prêtre.

Les armoiries qui apportaient à l'ornementation le précieux élément de l'élégance du dessin et de la variété des couleurs, ont, plus qu'aucun autre système de décoration artistique, subi l'influence du goût et de la mode. La forme des écussons, celle des pièces de blason, leur disposition, et celle des ornements extérieurs (timbres, lambrequins et supports) n'ont cessé de se modifier suivant les temps et les lieux, et ces changements répétés, qu'un œil exercé ne manque pas de saisir, donnent matière à d'intéressantes déductions.

Ces considérations sont de nature à faire comprendre l'importance de la contribution apportée par le blason à l'archéologie et à l'histoire. Il les aide, par exemple, à découvrir l'âge et l'origine des monuments, à restituer les inscriptions frustes ou incomplètes ; il leur permet, en un mot, de résoudre de nombreux problèmes, que ces sciences, dont le domaine est plus étendu et la portée plus haute, seraient souvent, sans son concours, impuissantes à éclaircir.

Il suit de là qu'en se livrant au xxe siècle à des recherches sur les armoiries, on fait tout autre chose que de s'attarder à des études surannées, tout autre chose aussi, suivant l'heureuse expression de M. Harold de Fontenay (1), que de « continuer à cultiver des prétentions après la suppression des privilèges. »

D'ailleurs, il est encore un motif pour que les armoiries ne soient pas considérées comme matière à prétentions, c'est que depuis des siècles elles ne sont plus la propriété exclusive de quelques privilégiés. Si pour certaines familles d'une noblesse incontestable, d'une ancienneté reconnue, elles rappellent un long passé et des services honorables et même glorieux, elles sont loin d'avoir toujours cette signication. Il n'était pas nécessaire d'être noble, ni même réellement notable pour avoir le droit de porter régulièrement des armoiries, et grand est le nombre des marchands de vin, charpentiers, maçons, droguistes, pâtissiers, potiers d'étain, etc., etc., qui en vertu de l'édit de 1696 furent inscrits personnellement à

(1) Armorial de la ville d'Autun, ouvrage remarquable par sa science et sa méthode, et qu'on peut citer comme un modèle.

l'Armorial général et reçurent des brevets signés d'Hozier (1).

Enfin, en dehors des titulaires de ces armoiries familiales, il y avait autrefois un nombre considérable de Français rentrant dans des collectivités qui en étaient elles-mêmes pourvues, telles que les villes et les corporations.

**

Le blason, encore intéressant et utile aujourd'hui, comme on vient de le démontrer, quelle en est l'origine et quelles modifications ont été apportées à travers les siècles à son caractère primitif? C'est ce que nous allons essayer d'exposer en quelques mots.

Tous les peuples ont des signes de ralliement, dont les éléments essentiels sont des emblèmes et des couleurs. A une époque où les uniformes étaient inconnus, où souvent une armure cachait corps et visage, il était nécessaire que les chefs pussent se faire reconnaître de leurs soldats par des signes apparents.

Homère et Virgile nous représentent leurs héros portant sur leurs boucliers et leurs casques divers emblèmes, et les monuments de l'art grec fournissent en ce sens de nombreux documents. Mais ces signes de ralliement, adoptés par des chefs militaires et ayant un caractère iadividuel, diffèrent profondément des armoiries héréditaires. combinées d'après des

(1) Voir notamment l'Armorial général, Marseille, n°s 473, 474, 476, 477; Strasbourg, n°s 199, 200, 204, 205, 206. En Bourgogne, la distribution fut moins large.

règles fixes et pour la description desquelles existe un langage spécial, d'une précision parfaite. L'origine de celles-ci ne remonte vraiment qu'au moyen âge. Elles paraissent sur les sceaux vers la fin du Xe siècle et plus fréquemment au XIe. L'aigle a commencé à figurer sur le sceau des margraves de Lorraine, de 979 à 1030. L'usage du blason est généralement répandu au XIIe siècle, et vers l'avènement de Philippe-Auguste, en 1180, il est régulièrement constitué.

Même au moyen âge, la noblesse n'était pas seule à faire usage des armoiries. Sans parler des villes et des corporations, nombre de bourgeois et des artistes, des ouvriers, avaient adopté des symboles ou quelques marques particulières, auxquelles ils avaient fait application des formes extérieures et des règles du blason. Ils en ornèrent les tombes de leurs familles, le pignon de leurs maisons, aussi bien que les meubles, armes et outils à leur usage.

Il est vrai que les « *marques honorables* », c'est-à-dire les ornements dont le chevalier entourait son écu dans les tournois : le heaume, les lambrequins, le cimier, et plus tard les diverses couronnes héraldiques, étaient réservés à la noblesse ; mais, en fait, elle perdit bientôt ce privilège, et les édits de 1560, 1579, 1583, 1625 et 1634, furent impuissants à réprimer les usurpations.

Louis XIV prit le parti de tolérer et même d'encourager cette tendance, en la faisant tourner à l'avantage de ses finances.

L'édit du mois de novembre 1696 ordonna la création d'une *Grande Maîtrise* (Charles-René d'Hozier fut grand maître) et la rédaction d'un Armorial général, qui devait contenir les armes « *du Roi, des princes et princesses, des maisons, familles, provinces, païs d'estat, gouvernemens, villes, terres, seigneuries, archeveschez, éveschez, chapitres, abbayes, prieurez et autres bénéfices, compagnies, corps et communautez.* » L'art. VII ajoutait « *les officiers tant de notre maison et de celle des Princes et Princesses de notre sang, que ceux d'espée, de robe, de finances et des villes, les ecclésiastiques, les gens du clergé, les bourgeois de nos villes franches et autres qui jouissent à cause de leurs charges, estats et emplois, de quelques exemptions, privilèges et droits publics, jouiront aussi du droit d'avoir et de porter des armes.* »

Enfin, les officiers de la Grande Maîtrise avaient le pouvoir d'accorder des armoiries à tous ceux « *possédant fiefs et terres nobles, aux personnes de lettres et autres qui par la noblesse de leur profession et de leur art, ou par leur mérite personnel tenaient un rang d'honneur et de distinction dans les estats et dans leurs corps, compagnies et communautez, et généralement à tous ceux qui s'étaient signalez au service du roi dans les armées, négociations et autres employs remarquables.* »

On se demande qui pouvait bien rester en dehors de cette large distribution. L'édit essayait de la justifier par l'utilité qu'il y avait « *à reconnaître le mérite et à récompenser la vertu* », et ses considérants annonçaient honnêtement l'intention de « *rechercher les abus qui s'étaient glissés dans le port des armoiries et de prévenir ceux qui s'y pourraient introduire dans les suites.* » Mais son but véritable était de battre monnaie au moyen de la perception des droits d'enregistrement.

Ils étaient de 100 livres pour les armoiries des villes ayant évêché, de 50 livres pour les autres villes et pour les abbayes et chapitres cathédraux, de 25 livres pour les autres chapitres et les prieurés et couvents, de 50 livres pour les corporations civiles établies dans les villes où il y avait évêché, et de 25 livres pour les autres, et enfin de 20 livres pour les personnes.

Une anecdote rapportée par MM. Beaune et d'Arbaumont, dans la préface de leur ouvrage sur les « Etats de Bourgogne », montre avec quelle apreté le recouvrement des droits fut parfois poursuivi. Un pauvre avocat de Mont-Saint-Jean, qui refusait la concession d'armoiries parce qu'il n'avait pas le moyen de les payer, s'en vit infliger d'office, et pour l'acquittement de la somme de 23 livres 10 sols, montant des droits d'enregistrement, le collecteur des tailles fit saisir et vendre ses meubles et jusqu'au lit de ses petits enfants.

Dans son ensemble, l'opération prescrite par l'édit de 1696 dut être fructueuse ; l'Armorial général déposé à la Bibliothèque nationale se compose de 34 volumes in-folio de descriptions d'armoiries, et en outre de 35 autres volumes in-folio, où les blasons qui ont fait l'objet de cette description sont dessinés et coloriés. Il comprend toute la France divisée en généralités et contient environ 60.000 noms. Le recensement commencé en 1697 fut déclaré clos en 1709.

Un décret de l'Assemblée nationale des 19-23 juin 1790 supprima les armoiries ; l'Empire les rétablit et en même temps que certains éléments nouveaux y étaient alors introduits, une règle était presque constamment suivie, qui n'était peut-être qu'un retour aux principes de l'origine du blason tombés en désuétude ; elle consistait à rappeler par le choix des pièces et leur disposition la nature et l'importance des services qui faisaient concéder des armoiries.

*
* *

Il nous reste à indiquer le *plan* de notre étude.

Elle s'applique à la ville d'Avallon et à son arrondissement, c'est-à-dire à la presque totalité de l'ancien bailliage d'Avallon, augmenté de la région qui forme aujourd'hui le canton de Vézelay (1).

Notre recueil contiendra les armoiries des *Villes* comprises dans ce territoire, celles des *Corporations* civiles et religieuses, et celles des *Familles*.

Les articles ne sont pas rangés dans l'ordre alphabétique. Ils sont d'intérêt et de longueur fort varia-

(1) La composition exacte du bailliage d'Avallon a été donnée dans le Bulletin de la Société des Sciences de Semur, de 1881-1883 (page 34), par M. Desvoyes, complétant Courtépée (t. V, page 623). — Ce bailliage comprenait la prévôté royale d'Avallon, les châtellenies royales de Châtel-Gérard, Guillon et Montréal, le comté de Chastellux qui en fut distrait en 1766, les marquisats de Ragny et de Tanlay, les mairies d'Avallon, Guillon et Montréal. Quant à l'énumération des Communautés d'habitants comprises dans la circonscription, on la trouvera dans le manuscrit appartenant à la Société d'Etudes, intitulé : « *Notes sur les forces actives et passives du bailliage d'Avallon* ». L'analyse de ce manuscrit avec la nomenclature des Communautés d'habitants a été donnée par M. Chambon, dans le Bulletin de la Société d'Etudes d'Avallon de 1906 (page 58). — Une vingtaine de ces Communautés appartiennent maintenant à l'arrondissement de Tonnerre et trois à l'arrondissement de Semur.

bles ; les uns présentent peu de difficultés à résoudre, les autres, au contraire, exigent d'assez longues recherches. Dans ces conditions, il est préférable de placer en tête du volume ceux qui offrent le plus d'intérêt au point de vue de l'archéologie et de l'histoire locales, et de ménager à l'auteur le moyen de compléter en cours d'impression certaines notices laborieuses à établir, ou d'en introduire de nouvelles.

Il a été dressé une table alphabétique des articles contenus dans le volume ; une autre table alphabétique générale de tous les noms de localités (1) et de familles renvoie aux articles dans lesquels ces noms sont mentionnés et indique la page, si l'article n'est pas très court.

Les sources auxquelles nous avons puisé sont toujours très scrupuleusement indiquées ; elles sont si nombreuses qu'on n'énumérera ici que les principales. Nous avons souvent eu recours aux fonds de la Bibliothèque nationale et des archives de la Côte-d'Or ; les Dossiers bleus et les Carrés d'Hozier, les Recherches de 1666 ont été maintes et maintes fois consultés ; de même que les ouvrages de Palliot, Petitot et Des Marches sur le Parlement de Bourgogne, de d'Arbaumont sur les États et la Chambre des Comptes de cette province, le Père Anselme et son continuateur Potier de Courcy, La Chesnaie-Desbois, Moréri, les nombreux armoriaux locaux

(1) Pour chaque localité où il existe des armoiries sculptées, peintes ou gravées, sur des monuments ou des objets mobiliers, il y aura renvoi aux numéros des articles où les armoiries sont décrites et attribuées.

aujourd'hui parus, notamment ceux de Bouchot, Dey, Fontenay, Soultrait, les ouvrages du vicomte Révérend sur l'Empire et la Restauration, les archives administratives du Ministère de la Guerre, les archives de la ville d'Avallon. Ces recherches ont été complétées au moyen de l'Armorial général de 1696. Plus haut, nous n'avons pas ménagé nos critiques à ce Recueil, dans la mesure où elles étaient nécessaires pour en réduire la valeur dans de justes limites ; mais après cette mise au point, étant bien établi qu'il a été créé dans un but fiscal et qu'il ne constitue nullement un nobiliaire, il faut reconnaître qu'il abonde en renseignements précieux. S'il est surtout consacré à l'enregistrement des armoiries, il donne aussi d'une façon authentique les qualités et professions de ceux qui les produisaient, et il offre un miroir fidèle de la société française sous le règne de Louis XIV.

C'est avec un soin tout particulier que nous avons étudié tous les monuments et les objets d'art et de mobilier existant dans l'Avallonnais, qui présentent des figures de blason. Cette recherche n'était pas destinée seulement à fournir des renseignements accessoires et complémentaires ; elle constituait, en réalité, moins un moyen d'atteindre le but poursuivi que ce but même.

Comme nous le disions en commençant, un armorial spécial à une région comme la nôtre, a pour raison d'être d'éclairer l'archéologie et l'histoire locales. Pour être complet, il ne devrait laisser aucun blason existant dans l'étendue du territoire déterminé, sur un mur, une tombe, un tableau, un ex-libris, une plaque de cheminée, une assiette de faïence, une pièce d'argenterie, un cachet, sans en donner l'explication, en faire l'attribution, en préciser la date et en fixer ainsi le souvenir en dépit des destructions futures.

Pour mener à bien un travail aussi minutieux, force a été parfois de recourir aux renseignements fournis par les familles ; en ce cas, on ne s'en est pas rapporté à de simples traditions, mais à des pièces dont l'authenticité pouvait être vérifiés et, d'ailleurs, les sources étant toujours indiquées, il sera facile à qui sait lire, de juger la valeur de chaque possession.

Un armorial peut n'être pas un recueil de généalogies et se borner à décrire des blasons et à en faire l'attribution. Mais nous n'atteindrions pas ainsi le but proposé, et nous croyons qu'on nous saura gré d'indiquer les origines et les filiations quand elles pourront être établies d'une façon authentique. On y est presque forcément amené ; à chaque page se rencontrent des personnages de la même famille, à la même date ou à des dates diverses, portant tantôt les mêmes armes et tantôt des armes différentes. Combien serait incomplet le travail qui ne chercherait pas à déterminer comment ces personnages se rattachent les uns aux autres.

Un armorial n'est pas non plus un nobiliaire, armoiries et noblesse sont très souvent, comme il a été démontré, choses parfaitement distinctes. Cependant, les qualifications données dans les enregistrements d'armoiries, l'indication de la maintenue de 1666, de l'admission aux Etats généraux et particuliers et autres mentions caractéristiques n'échapperont pas à un lecteur attentif.

Nous en avons assez dit pour montrer que l'armorial d'Avallon, bien qu'il ne s'applique qu'à une région de peu d'étendue et n'apporte qu'une modeste contribution à l'archéologie locale, n'en a pas moins exigé de longues recherches et un minutieux contrôle de documents, et nous espérons, qu'en considération des difficultés du travail, le lecteur voudra bien en excuser les imperfections et les lacunes.

I

ARMOIRIES DES VILLES

N° I — VILLE D'AVALLON

On sait que l'affranchissement de la ville d'Avallon par le duc de Bourgogne Eudes III remonte à l'an 1200 et qu'il fut confirmé au mois de novembre 1214 par son auteur, et en 1220 par le duc Hugues IV. Mais il est difficile de déterminer à quelle époque la ville a pris ou reçu des armoiries pour la première fois. M. Quantin, dans son étude sur les armoiries des principales villes du département de l'Yonne (1), ne cite relativement à Avallon rien d'antérieur à l'Armorial général exécuté en vertu de l'édit de novembre 1696.

Lors de la confection de ce recueil, la ville d'Avallon produisit et fit enregistrer les armoiries suivantes :

« D'azur à une tour d'argent maçonnée de sable, avec cette inscription autour de l'écu : Esto nobis Domine turris fortitudinis. »

D'Hozier, Armorial général, Bourgogne, description tome II, page 264 ; figures coloriées, page 492.

La présentation de ces armoiries en 1697, par le

(1) Bulletin de la Société des Sciences historiques et naturelles de l'Yonne, 1858, page 154.

maire et les échevins, est constatée par la pièce suivante qui existe aux archives municipales (AA, 4²) :

« Je soussigné commis à l'enregistrement des armoiries ordonné estre fait par Edit du mois de novembre 1696, recognois que M^{rs} les maire et eschevins de la ville d'Avalon, ont aujourd'hui envoyé au bureau de cette ville (Semur), le dessein et blason des armoiries de la ville d'Avalon pour estre enregistrées à l'Armorial général et qu'il m'a été payé pour le droit d'enregistrement 50 livres, 5 livres pour les 2 sols pour livres et 30 sols pour les frais de blason et autres quostés (cotés) par arrèt du Conseil du 20 dudit mois de novembre ; — Promettant lui délivrer le brevet dudit enregistrement en rapportant le présent recepissé.

« Fait à Semur le 27 juillet 1697.

« Signé : Seguin.

« Registre 1er des gens de mainmorte, article 27, recepissé de 56 livres 10 sols payé par M. Vallon, eschevin.

« Veue : signé Vaussin, subdelegué. »

A diverses reprises, les représentants de la ville réclamèrent le brevet promis (1). L'arrêt d'enregistrement n'intrevint que le 20 décembre 1703.

Antérieurement à l'édit de 1696, il est certain que la ville faisait déjà usage d'armoiries, et si la preuve de ce fait ne peut être établie aujourd'hui au moyen

(1) A.A. 4. — 16 juin 1699, lettre du s^r Seguin.

de sceaux anciens, de médailles ou de monuments sculptés ou peints, Palliot, dans son ouvrage intitulé : *La vraie et parfaite Science des Armoiries*, publié à Dijon en 1661, trente-six ans avant l'Armorial général, attribue déjà à Avallon un blason qui ne diffère de celui qui fut enregistré dans ce recueil que par un détail (la tour est maçonnée de gueules).

Plus anciennement encore, il résulte d'une mention inscrite en 1603 dans le compte de Symon Pirot (1), receveur des deniers communaux, que la ville avait coutume de faire découper ou estamper ses armoiries sur du fer blanc ou du cuivre, sans doute pour en décorer ses portes, la façade des édifices municipaux ou pour en faire des girouettes.

« De mesme passée audit comptable, la somme de 7 livres 19 sols tournoys payée audit Filz-Jehan (Mayeul Filzjehan), pour l'achapt par luy fait au lieu de Troyes de trois douzaines de feuilles de fer blanc, de cinq livres de fer et feuille de cuivre, pour faire des armoiries pour ladite ville, comme appert par mandat revestu de quittance du douziesme Janvier. »

Les armoiries dont la ville faisait ainsi usage en 1603 et déjà auparavant, sans doute, sont, suivant toutes les probabilités, les mêmes que celles que le maire et les échevins présentèrent à l'enregistrement en 1697.

Suit la liste des reproductions, postérieures à 1697, des armes de la ville, dont l'existence peut être actuellement constatée.

---

(1) C. C. 210¹, comptes de Symon Pirot, page 17 du 1er cahier.

Une empreinte de ces armoiries (1), en noir de fumée, datant de l'an 1701 et conservée aux Archives de l'Yonne (fonds des Doctrinaires), représente une tour à trois créneaux, avec les seuls mots : « *Turris Avalonis* ». On voit dans les archives municipales qu'en 1705, Delafond, graveur à Orbigny, est chargé de fabriquer un poinçon d'acier, portant les armes et la devise de la ville, pour marquer les pots d'étain destinés à mesurer le vin. (Arch. mun., C. C. 305.)

En 1721 furent fabriqués deux carrés aux armes de la ville, pour marquer en plomb toutes les marchandises qui devaient sortir d'Avallon. (C. C. 326).

Les armes de la ville figurent dans l'Armorial de Chevillard, édité en 1723. Au-dessous de l'écusson se lisent les mots : « Avalon, vicomté-bailliage ».

On trouve à la Bibliothèque municipale d'Avallon et dans quelques familles, des livres de prix donnés, au cours du xviii⁰ siècle, aux élèves du collège et qui portent sur leurs reliures les armes de la ville, gaufrées et dorées.

Sur la façade de l'hôtel de ville, terminé en 1775, avaient été sculptés deux écussons de forme ovale, aux mêmes armes ; elles y ont été rétablies vers 1860,

En 1782, la municipalité fit graver par le s' Fournier, imprimeur à Auxerre, les armoiries de la ville « à placer en vignette en tête des ordonnances de police, programmes et autres affaires de la chambre ». Les comptes de Comynet, receveur des deniers patri-

(1) Dey, Armorial de l'Yonne, page 149, et Quantin, Bulletin de la Société des Sciences de l'Yonne, 1858, page 151.

moniaux (1), portent qu'il a payé de ce chef, en 1782, une somme de 24 livres, et aux pièces justificatives (n° 43), avec le mandat signé par Champion, maire, et visé par Feydeau, intendant de la Généralité de Bourgogne, figure un exemplaire très net de la gravure.

La Société d'Etudes d'Avallon, depuis sa fondation qui remonte à 1839, place sur la couverture de son Bulletin une gravure sur bois affectant la forme d'une médaille, au milieu de laquelle sont reproduites la tour héraldique et la devise. Cette gravure a eu pour auteur l'un des membres fondateurs, M. Arthur de Charmasse.

Lors de la restauration par la Société d'Etudes de l'ancienne salle des échevins, à la tour d'horloge, les mêmes armoiries furent sculptées et peintes sur le manteau de la cheminée.

Vers la même époque, la ville les fit sculpter et peindre au-dessus du porche de la tour d'horloge, côté nord.

Elles sont brodées sur les bannières de l'ancien Orphéon et de la Société Philharmonique, sculptées au-dessus de la scène du théâtre restauré, reproduites en typographie en tête des lettres de la mairie et gravées sur son cachet exécuté en 1913. Elles figurent dans la rampe à gaz servant aux illuminations.

Une ordonnance royale du 28 décembre 1821 avait confirmé la ville d'Avallon dans la possession de ses armoiries.

(1) Archives municipales, C. C. 392.

N° 2 — VÉZELAY

La ville de Vézelay n'avait pas anciennement d'armoiries particulières, car elle appartenait à l'abbaye. Un sceau de la commune, datant de 1790, a été relevé par M. Quantin (Bull. Soc. Sc. Yonne, 1858, voir aussi Dey, Armorial Yonne, p. 29). Il porte : *de gueules à 3 fleurs de lis d'or, au chef d'azur semé de fleurs de lis, chargé d'une châsse romane d'argent.*

M. de Soultrait, dans son Armorial du Nivernais (p. 51), donne une version différente : *d'azur à 3 fleurs de lis d'or, au chef cousu du champ, semé de pommes de pin d'or et chargé d'un château d'argent.*

Suivant le commentaire de Dey (p. 30), M. Quantin et M. de Soultrait ont puisé à la même source ; sur le sceau assez peu net de 1790, l'un a vu des fleurs de lis et une châsse, et l'autre des pommes de pin et un château. Nous donnons la préférence à la première interprétation, qui nous paraît plus vraisemblable. La châsse et les fleurs de lis rappellent les souvenirs de l'abbaye et des fréquentes visites des rois de France.

Vers 1850, le maire de Vézelay croyant avoir découvert sur l'une des portes de la ville un écusson sculpté qui aurait été celui de la Communauté des habitants, l'a fait reproduire en tête des lettres administratives, ainsi qu'il suit : *de sinople à 3 oiseaux contournés d'argent, au chef cousu d'azur chargé d'une maison accostée de dix billettes, le tout d'argent.*

M. Dey, qui rapporte le fait dans son Armorial de l'Yonne (p. 30), ajoute qu'il n'a pu retrouver aucune trace de cet écusson sculpté. Rien d'ailleurs ne prouverait qu'il s'appliquât à la Communauté des habitants. Ne doit-on pas voir là une nouvelle traduction fantaisiste du sceau de 1790?

N° 3 — CHATEL-CENSOIR

L'Armorial de la Généralité d'Orléans (d'Hozier, 1696, p. 233), attribue à la Communauté des habitants de Chàtel-Censoir les armes suivantes :

D'azur à un château d'or soutenu en pointe d'une rivière d'argent ondée de sable.

M. Dey les décrit d'une façon plus complète (page 175) :

D'azur à une maison commune maçonnée de sable, composée d'une façade à 2 fenêtres et une porte cochère, et flanquée de 2 tours ayant chacune une porte, couvertes et girouettées, le tout d'or sur une rivière d'argent.

L'Armorial du Nivernais, de M. de Soultrait, dit : *d'azur au château d'or posé sur une terrasse d'argent* (page 45).

MONTRÉAL

D'après M. Quantin (Bull. Soc. Sc. Yonne, 1858, page 159), la ville de Montréal n'a pas eu d'armoiries particulières. Cependant, cet auteur rapporte que M. Delavaut, ancien maire, possédait, en 1858, un sceau fort compliqué et de fabrication moderne, paraissant avoir été gravé pour cette commune.

On y voyait un écusson au champ d'azur, sur lequel un mont portait une tour crénelée, chargée d'une salamandre et de trois fleurs de lis, A côté, une Notre-Dame entourée d'étoiles ; au pied du mont, une église. Le mot Montréal, en capitales, suivait le contour de la montagne. L'écusson soutenu à sénestre par un ange tenant un rameau fleuri, et à dextre par un lion passant.

Cette composition fantaisiste ne mérite pas le nom d'armoiries.

II

ARMOIRIES DES CORPORATIONS CIVILES

N° 4 — LE CORPS
DES OFFICIERS DU BAILLIAGE ET CHANCELLERIE D'AVALLON

D'azur à 3 fleurs de lis d'or posées 2 et 1.

D'Hozier, Armor. gén. Bourgogne, description t. II, p. 266 ;
figures coloriées, p. 494.

N° 5 — LE CORPS
DES OFFICIERS DE LA PRÉVOTÉ ROYALE D'AVALLON

*D'azur à une tour d'argent maçonnée de gueules et
accompagnée de 3 fleurs de lis d'or posées 2 et 1.*

D'Hozier, Armor. gén. Bourg., descr. t. II, p. 266 ; fig. p. 494.

M. Dey, dans son Armorial historique de l'Yonne
(p. 114), et M. Douet d'Arcq, dans sa Collection des
sceaux (t. II, p. 191, n° 4516), donnent la description
d'un sceau de la prévôté d'Avallon, attaché à une
charte de 1388 (archives de l'Yonne, fonds historique).

L'empreinte représente un personnage assis sur un
siège à têtes d'animaux. Le contre-sceau aux armes
de Bourgogne ancien et de Bourgogne moderne, porte
en exergue : *contrasigillum curie Ducis Burgudiæ*.

N° 6 — LE CORPS
DES OFFICIERS DU GRENIER A SEL D'AVALLON

D'azur à 3 fleurs de lis d'or posées 2 et 1.

D'Hozier, Armor. gén. Bourg., descr. t. II, p. 265 ; fig. p. 493.

N° 7 — LE CORPS
DES OFFICIERS DE L'ÉLECTION DE VÉZELAY

D'azur à 3 fleurs de lis d'or posées 2 et 1, avec cette inscription : Election de Vézelay.

D'Hozier, Armor. gén., Paris, t. IV, descr. p. 242 ; fig. t. III, page 417.

N° 8 — LA COMMUNAUTÉ
DES MAITRES APOTHICAIRES DE LA VILLE D'AVALLON

De sable à 2 barres d'argent.

D'Hozier, Armor. gén. Bourg., descr. t. II, p. 601 ; fig. p. 906.

N° 9 — LA COMMUNAUTÉ
DES MAITRES CHIRURGIENS DE LA VILLE D'AVALLON

De sinople à 4 chevrons d'argent.

D'Hozier, Armor. gén. Bourg., descr. t. II, p. 591 ; fig. p. 884.

N° 10 — LA COMMUNAUTÉ DES MARCHANDS D'AVALLON

D'or à un panier de gueules.

D'Hozier, Armor. gén. Bourg., descr. t. II, p. 592 ; fig. p. 884.

N° 11 — LA COMMUNAUTÉ
DES DRAPIERS DE LA VILLE D'AVALLON

De sable à un chef d'or,

D'Hozier, Armor. gén. Bourg., descr. t. II, p. 592 ; fig. p. 885.

N° 12 — LA COMMUNAUTÉ DES MERCIERS

D'argent à un nœud de ruban de sinople.

D'Hozier, Armor. gén. Bourg., descr. t. II, p. 592 ; fig. p. 885.

N° 13 — LA COMMUNAUTÉ DES MAITRES TANNEURS

De sable à une fasce d'or.

D'Hozier, Armor. gén. Bourg., descr. t. II, p. 593 ; fig. p. 887.

N° 14 — LA COMMUNAUTÉ DES MAITRES CORROYEURS
D'or à une lunette de corroyeur de gueules.
D'Hozier, Armor. gén, Bourg., descr. t. II, p. 600 ; fig. p. 908.

La lunette du corroyeur est une sorte de couteau annulaire légèrement courbe, dont on se sert pour diminuer l'épaisseur des cuirs et leur donner de la souplesse. Le vide central sert à passer la main.

N° 15 — LA COMMUNAUTÉ DES MAITRES CHAPELIERS
D'argent à un chapeau retroussé d'azur,
D'Hozier, Armor. gén. Bourg , descr. t. II, p. 592 ; fig. p.886.

N° 16 — LA COMMUNAUTÉ DES MAITRES GANTIERS
D'argent à un gant à franges de gueules.
D'Hozier, Armor. gén. Bourg., descr. t. II, p. 592 ; fig. p.886.

N° 17 — LA COMMUNAUTÉ DES HOTELIERS ET CABARETIERS
D'argent à un flacon d'azur.
D'Hozier, Armor. gén. Bourg., descr. t. II, p. 593 ; fig. p. 887.

N° 18 — LA COMMUNAUTÉ DES MAITRES BOULANGERS
De sable à un pal d'or.
D'Hozier, Armor. gén. Bourg., descr. t. II, p. 592 ; fig. p. 886.

N° 19 — LA COMMUNAUTÉ DES MAITRES PATISSIERS
D'or à un four de gueules.
D'Hozier, Armor. gén. Bourg., descr. t. II, p. 603 ; fig. p. 914.

N° 20 — LA COMMUNAUTÉ DES MAITRES BOUCHERS
De sable à un pairle d'or.
D'Hozier, Armor. gén. Bourg., descr. t. II, p. 592 ; fig. p. 886.

N° 21 — La communauté des charpentiers
. de la ville d'Avallon

De sable à 2 bandes d'argent.

D'Hozier, Armor. gén. Bourg., descr. t. II, p. 600 ; fig. p. 906.

N° 22 — La communauté
des maitres maçons et couvreurs

D'or à une truelle de sinople.

D'Hozier, Armor. gén. Bourg., descr. t. II, p. 601 ; fig. p. 906.

N° 23 — La communauté des maitres menuisiers

D'argent à une équerre de sinople.

D'Hozier, Armor. gén. Bour,, fig. p. 887.

La description d'Hozier, Bourg., t. II, p. 593, n'est pas d'accord avec la figure coloriée ci-dessus rapportée ; elle énonce : *d'argent* à une équerre *d'or*, ce qui serait une faute de blason.

N° 24 — La communauté des selliers

De sable à 2 fasces d'argent.

D'Hozier, Armor. gén. Bourg., descr. t. II, p. 600 ; fig. p. 905.

N° 25 — La communauté des maitres serruriers

D'argent à 2 clés de sable posées en sautoir.

D'Hozier, Armor. gén. Bourg., descr. t. II, p. 592 ; fig. p. 885.

N° 26 — La communauté des maitres maréchaux

De sable à un sautoir d'or.

D'Hozier, Armor. gén. Bourg., descr. t. II, p. 592 ; fig. p. 886.

N° 27 — La communauté des maitres tailleurs d'habits

D'or à une paire de ciseaux ouverts de sable.

D'Hozier, Armor. gén. Bourg., descr. t. II, p. 601 ; fig. p. 906.

N° 28 — LA COMMUNAUTÉ DES MAITRES TISSIERS DE TOILE

De sable à une croix d'or.

D'Hozier, Armor. gén. Bourg., descr. t. II, p. 592 ; fig. p. 885.

N° 29 — LA COMMUNAUTÉ DES MAITRES CORDONNIERS

D'argent à une botte renversée de sable.

D'Hozier, Armor. gén. Bourg., descr. t. II, p. 593 ; fig. p. 887.

N° 30 — LA COMMUNAUTÉ DES MAITRES SAVETIERS

De sable à une bande d'or.

D'Hozier, Armor. gén. Bourg., descr. t. II, p. 593 ; fig. p. 887.

III

ARMOIRIES

DES

CORPORATIONS & COMMUNAUTÉS RELIGIEUSES

N° 31 — L'ABBAYE DE MARCILLY

De sable à une bande d'or, parti d'azur à 3 roses d'argent posées 2 et 1.

D'Hozier, Armor. gén. Bourg., descr. t. 1er, p. 170.

Les anciens bâtiments de l'abbaye de Marcilly, commune de Provency, ont fait, il y a quelques années, l'objet d'importantes restaurations et sont habités par la famille Piot. Dans une pièce à usage de salon, se voit une belle plaque de cheminée portant deux écussons de forme ovale accolés. Celui de dextre se lit ainsi : *Ecartelé au 1er et au 4e de sable à une montagne d'argent surmontée d'une croisette de même, et au 2e et 3e d'azur à trois gerbes d'or.*

Ce sont les armes des Durey de Noinville qui ont été, au xviiie siècle, seigneurs de Cussy-les-Forges, Presles, Estrées et Sainte-Magnance. L'écusson de sénestre se lit : *d'or semé de tours et de fleurs de lis d'azur*, blason de la famille de Simiane. La devise de cette famille est : *Sustinent lilia turres*.

N° 32 — LE CHAPITRE
DE L'ÉGLISE COLLÉGIALE DE SAINT-LAZARE D'AVALLON

D'azur à un chef de Saint-Lazare d'or.

D'Hozier, Armor. gén. Bourg., descr. t. Ier, p. 172; fig. p. 33.

On trouve cet écusson dans une charte du xiiie siècle aux archives de l'Yonne (Dey, p. 111).

Le chapitre d'Avallon a été fondé en 846, par Gérard de Roussillon ; au xviiie siècle, il se composait de douze chanoines et possédait, entres autres terres : Chassigny, Maison-Dieu et Villaines, ainsi qu'Etaules en partie.

N° 33 — LE CHAPITRE
DE L'ÉGLISE COLLÉGIALE DE SAINTE-MADELEINE DE VÉZELAY

D'azur semé de fleurs de lis d'or et de larmes d'argent, au vase d'or brochant sur le tout.

D'Hozier, Armor. gén. Paris, descr, t. IV, p. 243 ; fig. t. III, p. 588. — Armorial du Nivernais, Soultrait, p. 19.

Dey, dans són Armorial de l'Yonne, ajoute que le vase d'or broche sur le tout, avec cette légende : *Optimam partem elegit* (p. 98).

On sait que l'abbaye de Vézelay fut fondée vers 860, par Gérard de Roussillon. C'était alors une abbaye de femmes et elle était placée au bord de la Cure, vers l'endroit qu'occupe actuellement le village de Saint-Père. Ruinée par les invasions et les guerres civiles, elle fut transportée au faîte de la montagne voisine et les religieuses y furent remplacées par des moines bénédictins.

Après une existence de près de sept siècles, une bulle du pape Paul III, de 1538, sécularisa l'abbaye qui devint une collégiale avec un chapitre de chanoines et un abbé commendataire.

N° 34 — LE CHAPITRE
DE LA COLLÉGIALE DE NOTRE-DAME DE MONTRÉAL

D'azur à une Assomption de Notre-Dame d'or.

D'Hozier, Armor. gén. Bourg., descr. t. Ier, p. 172 ; fig. p. 33.

N° 35 — LE PRIEURÉ
DE SAINT BERNARD DE MONTRÉAL, ORDRE DE SAINT AUGUSTIN

placé sous le vocable de saint Bernard de Menthon.

D'azur à un saint Bernard revêtu d'un surplis et portant une aumusse sur son bras sénestre, le tout d'or.

D'Hozier, Bourg., descr. t. Ier, p. 500.

N° 36 — LE CHAPITRE DE L'ÉGLISE DE CHATEL-CENSOIR
De sable à 4 chevrons d'or.

D'Hozier, Armor. gén. Orléans, descr. p. 887.
Soultrait, Armor. Nivernais, p. 27.

N° 37 — LA COMMUNAUTÉ
DES PÈRES DE LA DOCTRINE CHRÉTIENNE DE LA VILLE D'AVALLON

Connus sous le nom de Doctrinaires, ils obtinrent la direction du collège en 1654 et furent chargés de desservir la chapelle des prisons en 1753.

D'or à un livre ouvert d'azur.

D'Hozier, Armor. gén. Bourg., descr. t. II, p. 600 ; fig. p. 905.

N° 38 — Les religieuses
de la visitation sainte-marie de la ville d'Avallon

Colonie de Semur, établie à Avallon en 1664.

D'or à un cœur de gueules percé de 2 flèches d'or empennées d'argent et passées en sautoir au travers du cœur chargé d'un nom de Jésus d'or et supportant une croix de sable, le tout enfermé dans une couronne d'épines de sinople dont les épines sont ensanglantées de gueules.

D'Hozier, Armor. gén. Bourg., descr. t. Ier, p. 173; fig. p. 29.

N° 39 — Le couvent des ursulines d'Avallon

Formé, en 1629, des Ursulines de Dijon.

De gueules à un nom de Jésus-Maria d'or.

D'Hozier, Armor. gén. Bourg., descr. t. II, p. 411; fig. p. 573.

N° 40 — Le couvent des ursulines de Vézelay

D'azur à un nom de Jésus-Maria soutenu de 3 clous de la passion appointés, le tout d'or, enfermé dans un ovale rayonnant de même.

D'Hozier, Armor. gén., descr. Paris, t. IV, p. 345, et Dey, page 174.

N° 41 — La communauté des capucins d'Avallon

Les religieux Franciscains, dit capucins, obtinrent, en 1631, l'autorisation des échevins de s'établir à Avallon; ce ne fut que le 18 octobre 1693 que l'évêque d'Autun leur permit de « faire couvent ». Leur maison fut bâtie au moyen des libéralités de Pierre Odebert.

Une croix de calvaire traversée de 2 bras en sautoir, l'un nu, du Sauveur, l'autre vêtu, de saint

François, marqués des stigmates, le tout entouré du cordon de saint François.

Desvoyes, Bull. Soc. Sciences de Semur, année 1879, p. 50.

N° 42 — LE COUVENT DES MINIMES D'AVALLON

Ordre fondé par saint François de Paule, sous le nom de Minimes, c'est-à-dire les derniers entre tous. Le dédicace du couvent bâti à l'extrémité du faubourg Saint-Martin eut lieu en 1615.

L'ordre des Minimes a pour armes :

De gueules au mot Charitas en 3 syllabes mises l'une sur l'autre, enfermées dans un ovale rayonnant d'or.

Desvoyes, Bull. Soc. Sciences de Semur, année 1879, p. 54.

****

La quatrième partie de ce travail sera publiée ultérieurement. Elle comprendra les armoiries des *familles,* qui sont au nombre de 170 environ pour l'ancien bailliage d'Avallon, et d'un peu plus de 40 pour le canton de Vézelay. Ces familles, on le verra, sont d'origine et de situation très diverses.

Certains articles se composeront uniquement de la description des armoiries et de l'indication des pièces justificatives ; mais toutes les fois que ce sera possible, on ajoutera un § II : *monuments et objets mobiliers* de la région portant les armoiries décrites, et un § III : *origine et filiation de la famille.*

Nous serons reconnaissants à ceux de nos lecteurs qui voudront bien nous signaler les blasons sculptés, peints ou gravés sur des monuments ou objets mobiliers dont ils auraient découvert l'existence dans la région et nous indiquer les oublis ou les erreurs que nous aurons pu commettre.

Avallon. — Imprimerie PAUL GRAND, 21, rue de Lyon.

9 782013 404372